BEI GRIN MACHT SICH IHR WISSEN BEZAHLT

AF153390

- Wir veröffentlichen Ihre Hausarbeit, Bachelor- und Masterarbeit

- Ihr eigenes eBook und Buch - weltweit in allen wichtigen Shops

- Verdienen Sie an jedem Verkauf

Jetzt bei www.GRIN.com hochladen und kostenlos publizieren

GRIN

Rechtliche Grundlagen bei Schadensersatz und Kündigung in der Wirtschaft

Saskia Haschke

Bibliografische Information der Deutschen Nationalbibliothek:

Die Deutsche Nationalbibliothek verzeichnet diese Publikation in der Deutschen Nationalbibliografie; detaillierte bibliografische Daten sind im Internet über http://dnb.d-nb.de abrufbar.

ISBN: 9783346800381
Dieses Buch ist auch als E-Book erhältlich.

Einsendeaufgabe (Sonderprüfung): Wirtschaftsrecht

Abgegeben am: 27. August 2020

Modul: Wirtschaftsrecht (4. Semester)

Studiengang: Betriebswirtschaft und Management (B.A.)

von

Saskia Haschke

2

Inhaltsverzeichnis

Abkürzungsverzeichnis

bzw.	beziehungsweise
ggf.	gegebenenfalls
o. ä.	oder ähnlich
o. J.	ohne Jahr
sog.	sogenannt
u. a.	unter anderem
Vgl.	Vergleich
z. B.	zum Beispiel

Tabellenverzeichnis

1 Fallbeispiel 1: Schadensersatz

Anton kann vom Inhaber der Drogerie Meier Schadensersatz für diverse Heilbehandlungskosten, die von seiner Krankenkasse nicht bezahlt werden, verlangen. In den folgenden Ausführungen wird nun erläutert, warum dies der Fall ist.

1.1 Verschulden bei Vertragsanbahnung

Zur Begründung eines Schuldverhältnisses zwischen Gläubiger und Schuldner ist ein bestehender Vertrag nicht immer erforderlich, denn laut § 311 Abs. 2 BGB kann schon vor Abschluss eines Vertrags ein Schuldverhältnis mit Pflichten, dass zur gegenseitigen Rücksichtnahme auf die Rechte, Rechtsgüter und Interessen der jeweils anderen Partei verpflichtet, nach § 241 Abs. 2 BGB entstehen. Dies ist bei einem bloßen geschäftlichen Kontakt, bei der Aufnahme von Vertragsverhandlungen oder bei der Anbahnung eines Vertrags möglich. Möchte man also herausfinden, ob gemäß § 280 Abs. 1 BGB überhaupt ein Schuldverhältnis vorliegt, obwohl kein Vertrag besteht, so ist auf § 311 Abs. 2 BGB zurückzugreifen.[1] Im Fallbeispiel handelt es sich um eine Anbahnung eines Vertrags gemäß § 311 Abs. 2 Nr. 2 BGB, da Anton in der Drogerie Meier den Kauf eines Desinfektionsmittels beabsichtigt, bei Eintritt in den Laden allerdings auf dem nassen Boden der Drogerie ausrutscht, bevor er den Kauf überhaupt tätigen kann.

Um einen Schadensersatzanspruch wegen eines Verschuldens bei Vertragsanbahnung geltend machen zu können, müssen neben dem Bestehen eines Schuldverhältnisses aber auch die Verletzung einer vorvertraglichen Pflicht, ein Verschulden sowie die Entstehung eines Schadens gegeben sein.[2]

1.1.1 Verletzung einer vorvertraglichen Pflicht

Aus einem Schuldverhältnis ergeben sich vielfältige und unterschiedliche Pflichten, die nicht verletzt werden dürfen. Es ist jeweils im Einzelfall und nach dem Grundsatz von Treu und Glauben gemäß § 242 BGB zu ermitteln, welche Pflichten in Betracht kommen. Außerdem gibt es sog. Nebenleistungspflichten, wie u. a. die Schutzpflicht gegenüber Personen. Ein geeignetes Beispiel dafür ist

---

[1] Vgl. *Paulic* (2018), S. 57-58; Vgl. *Wasmuth* (2018), S. 48
[2] Vgl. *Paulic* (2018), S. 58

die Sicherheit der Treppen in einem Kaufhaus.[3]

Im Fallbeispiel liegt demnach die Verletzung einer vorvertraglichen Pflicht vor, da Felix die Schutzpflicht gegenüber Personen, also den Kunden der Drogerie, nicht eingehalten hat. Ein Warnschild wegen Nässe wurde nicht aufgestellt und da der Boden üblicherweise mit einem glänzenden Belag versehen ist, konnte Anton nicht erkennen, dass der Boden nass ist und rutschte somit aus.

1.1.2 Verschulden und Schaden

Zur Feststellung eines Verschuldens, wie z. B. Fahrlässigkeit oder Vorsatz, wird § 276 BGB herangezogen. Gemäß § 254 BGB muss auch überprüft werden, ob der Beschädigte an der Entstehung des Schadens mitgewirkt hat und dies ggf. berücksichtigt werden. Die letzte Voraussetzung für einen Schadensersatzanspruch ist, dass dem Anspruchsteller durch die Pflichtverletzung tatsächlich auch ein Schaden entstanden ist. Die Rechtsfolge nach § 280 Abs. 1 BGB und § 311 Abs. 2 BGB ist dann ein Anspruch auf Schadensersatz.[4]

Im Fallbeispiel handelte Felix gemäß § 276 Abs. 2 BGB fahrlässig, da er beim Wischen des Fußbodens die erforderliche Sorgfalt außer Acht gelassen hat und kein Warnschild wegen Nässe aufgestellt hat, um die eintretenden Kunden auf den nassen und glatten Boden hinzuweisen. Die Fahrlässigkeit begründet sich auch darin, dass mit großer Wahrscheinlichkeit jedes Mal, wenn in der Drogerie Meier der Boden gereinigt wird, ein Warnschild aufgestellt wird und nur dieses Mal von Felix unbeabsichtigt dieses vergessen wurde. Für eine Mitschuld von Anton nach § 254 BGB gibt es dagegen keine Anhaltspunkte, da er durch die Pflichtverletzung und das Verschulden von Felix sogar einen Schaden, nämlich einen Bänderriss im linken Fuß, erleidet. Ein Schadensersatzanspruch kann daher nach §§ 280 Abs. 1, 311 Abs. 2 BGB durchgesetzt werden.[5]

1.2 Unerlaubte Handlung

Eine unerlaubte Handlung liegt vor, wenn jemand rechtswidrig und schuldhaft fremde und besonders geschützte Rechtsgüter eines anderen verletzt. Für

---

[3] Vgl. *Graewe* (2019), S. 95; Vgl. *Paulic* (2018), S. 37, 58
[4] Vgl. *Huber/Rinnert* (2019), S. 117, 132; Vgl. *Paulic* (2018), S. 58; Vgl. *Sakowski* (2018), S. 92
[5] Vgl. *Paulic* (2018), S. 63-64

solche Fälle hat das Gesetzt das sog. Deliktsrecht (§§ 823-853 BGB) geschaffen, dass zum Ausgleich der bestehenden Pflichten und des entstandenen Schadens führen soll. Besteht zwischen den Parteien ein Vertrag, dann tritt der deliktische zum vertraglichen Anspruch hinzu. Besteht jedoch keine vertragliche Beziehung zwischen den Parteien, dann ist das Deliktsrecht besonders wichtig, da dann nur dadurch Ansprüche geltend gemacht werden können.[6]

Da zwischen Anton und der Drogerie Meier zum Zeitpunkt des Unfalls noch kein Vertrag besteht, sondern sich nur ein Vertrag anbahnt, greift hier das Deliktsrecht. Um allerdings einen Anspruch auf Schadensersatz nach § 823 Abs. 1 BGB verlangen zu können, müssen einige Vorrausetzungen wie folgt erfüllt sein.[7]

1.2.1 Rechtsgutverletzung

Gemäß § 823 Abs. 1 BGB handelt es sich bei der Verletzung des Lebens, des Körpers, der Gesundheit, der Freiheit, des Eigentums oder sonstiger Rechte um die Verletzung von Rechtsgütern, wobei mit der Verletzung des Körpers eine üble unangemessene Behandlung gemeint ist, die das körperliche Wohlbefinden in nicht ganz unerheblicher Weise beeinträchtigt.[8]

Im Fallbeispiel handelt es sich bei dem Bänderriss gemäß § 823 Abs. 1 BGB um eine Rechtsgutverletzung und demnach um eine Verletzung des Körpers.

1.2.2 Kausale Handlung

Eine weitere Voraussetzung für den Schadensersatzanspruch nach § 823 BGB ist, dass ein kausaler Zusammenhang zwischen dem ermittelten Schaden und der Handlung des Schädigers festgestellt werden kann, der Schaden also tatsächlich durch den Schadensersatzverpflichtenden verursacht worden ist.[9]

Im Fallbeispiel liegt eine kausale Handlung vor, da es nicht zum Schaden von Anton gekommen wäre, wenn Felix den Boden der Drogerie nicht gewischt hätte.

1.2.3 Rechtswidrigkeit

Schadensersatzansprüche nach § 823 BGB können wiederum auch nur dann geltend gemacht werden, wenn eine rechtswidrige Handlung vorliegt, also wenn

---

[6] Vgl. *Graewe* (2019), S. 142, 157; Vgl. *Huber/Rinnert* (2019), S. 131; Vgl. *Paulic* (2018), S. 98
[7] Vgl. *Paulic* (2018), S. 98
[8] Vgl. *Grundmann* (2019), S. 153; Vgl. *Paulic* (2018), S. 98-99; Vgl. *Sakowski* (2018), S. 151
[9] Vgl. *Paulic* (2018), S. 62

gegen ein Gesetz verstoßen wird. Anhand eines Beispiels kann man allerdings erkennen, dass die Rechtsprechung einen großen Unterschied darin sieht, ob der Geschädigte die Rutschgefahr von alleine erkennen konnte oder nicht. Ein Beschluss vom 20.03.2013 zeigt nämlich, dass die Klage einer Frau auf Schadensersatz und Schmerzensgeld vom Oberlandesgericht Bamberg abgewiesen wurde, da trotz fehlender Warnschilder für die Klägerin die Möglichkeit bestand, die feuchten Stellen auf der Treppe an ihrem Arbeitsplatz erkennen zu können. Ein Warnhinweis muss laut dem Beschluss nur dann vorhanden sein, wenn die Rutschgefahr aufgrund des Bodenbelags nicht ohne weiteres erkannt werden kann.[10]

Im Fallbeispiel ist die zweite Variante gegeben, da der Boden der Drogerie regulär mit einem glänzenden Belag versehen ist und Anton aus diesem Grund nicht erkennen kann, dass dieser nass ist. Unglücklicherweise befindet sich Felix gerade hinter einem Regal, als Anton die Drogerie betritt, sodass Anton auch deshalb nicht sehen kann, dass Reinigungsarbeiten im Laden stattfinden. Felix handelt somit rechtswidrig, da angesichts des glatten Bodenbelags das Aufstellen eines Warnschildes während der Bodenreinigung nötig gewesen wäre.

1.3   Schadensersatz

Sind die Voraussetzungen für eine Rechtsfolge aus § 823 Abs. 1 BGB gegeben, so muss im nächsten Schritt nun herausgefunden werden, wie und in welcher Höhe Schadensersatz geleistet wird[11]

Besteht der Schaden in der Verletzung einer Person, so kann der Geschädigte gemäß § 249 Abs. 2 S. 1 BGB eine Geldentschädigung verlangen. In diesem Fall wird dann der Geldbetrag ersetzt, der zur Wiederherstellung des Zustandes notwendig ist, der ohne das schädigende Ereignis bestehen würde. Da es sich im Fallbeispiel bei der Verletzung des Köpers nach § 253 Abs. 2 BGB um einen Schaden an einem immateriellen Rechtsgut handelt und dies einen Nichtvermögensschaden darstellt, findet demnach eine Geldentschädigung statt.[12]

Im Fall der Körperverletzung, wie sie bei Anton in Form eines Bänderrisses

---

[10] Vgl. *Paulic* (2018), S. 100; Vgl. *Rechtsanwälte Partnerschaft mbB* (2013)
[11] Vgl. *Paulic* (2018), S. 60, 101
[12] Vgl. *Paulic* (2018), S. 60-61; Vgl. *Sakowski* (2018), S. 87; Vgl. *Wasmuth* (2018), S. 53-54

vorliegt, umfasst der Geldersatz sowohl die Heil- als auch die Pflegekosten. Aufgrund dessen, dass die Krankenkasse nur den unmittelbaren Schaden ersetzt, also nur für alle nachteiligen Veränderungen am verletzten Rechtsgut selbst aufkommt, kann und sollte Anton vom Inhaber der Drogerie Meier Schadensersatz für diverse Heil- und Pflegekosten, die von seiner Krankenkasse nicht übernommen werden, verlangen. Mögliche Folgekosten, die durch spätere Komplikation hinzukommen können, muss dann der Inhaber der Drogerie Meier zahlen und nicht Anton.[13]

1.4 Fremdes Verschulden

Bei Felix handelt es sich gemäß § 831 BGB um einen sog. Verrichtungsgehilfen, der von einem Geschäftsherrn, in dem Fall dem Inhaber der Drogerie Meier, eine Tätigkeit in dessen Interesse (hier: die Reinigung des Bodens) übertragen bekommen hat. Einen Verrichtungsgehilfen zeichnet überdies aus, dass er in einem gewissen Abhängigkeitsverhältnis, wie z. B. einem Arbeitsverhältnis, zu einem Geschäftsherrn steht, der wiederum das Verhalten des Gehilfen jederzeit untersagen, einschränken oder auf sonstige Art bestimmen kann. Laut § 831 Abs. 1 S. 1 BGB ist demnach der Geschäftsherr zum Ersatz des Schadens verpflichtet, den ein Verrichtungsgehilfe bei der Ausführung einer ihm übertragenen Aufgabe einem Dritten zugefügt hat.[14]

Im Fallbeispiel liegt eine deliktische Haftung vor, da Felix fahrlässig die Gesundheit eines Dritten geschädigt hat. Daher haften in diesem Fall sowohl der Inhaber der Drogerie Meier als auch Felix als Gesamtschuldner gegenüber dem Geschädigten. Als Arbeitnehmer hat Felix bei einer Schadensersatzforderung aber wiederum einen Freistellungsanspruch gegenüber seinem Arbeitgeber. Für den Schadensersatz muss Felix aus diesem Grund nicht aufkommen, da er im Auftrag des Betriebs gehandelt hat und nicht grob, sondern nur leicht fahrlässig war. Abschließend kann man deshalb festhalten, dass es in der Praxis, wie auch im Fallbeispiel, üblich ist, dass sich der Geschädigte direkt an den Inhaber des Betriebs wendet, um seine Schadensersatzansprüche geltend zu machen.[15]

---

[13] Vgl. *Paulic* (2018), S. 61
[14] Vgl. *Paulic* (2018), S. 104-105; Vgl. *Sakowski* (2018), S. 157
[15] Vgl. *Aachener Verlagsgesellschaft GmbH* (2016); Vgl. *Huber/Rinnert* (2019), S. 131; Vgl. *Sakowski* (2018), S. 157

2   Die Offene Handelsgesellschaft

Möchte man ein Unternehmen gründen, dann ist die Wahl der Rechtsform eine wichtige Entscheidung, denn davon hängt u. a. ab, inwieweit die Gesellschafter haften, welche Rechte und Pflichten sie haben oder wie leicht sich neues Kapital beschaffen lässt. Man unterscheidet hierbei zwischen Personen- und Kapital-gesellschaften.[16]

Neben der GbR, der KG sowie der PartG handelt es sich auch bei **der Offenen Handelsgesellschaft, der OHG,** um eine Personengesellschaft. Diese Rechts-form zeichnet sich dadurch aus, dass sie durch den Zusammenschluss von zwei oder mehr Marktteilnehmern, also Personen, entsteht, wobei hier unerheblich ist, ob es sich um natürliche oder juristische Personen handelt. Als natürliche Personen bezeichnet man alle Menschen, wohingegen juristische Personen z. B. Aktiengesellschaften, Vereine, Stiftungen, Kommunen oder auch Kirchen sind. Die Besonderheit der OHG besteht allerdings darin, dass ihr Gesellschaftszweck, im Gegensatz zur GbR, der Betrieb eines Handelsgewerbes ist. Ein Handels-gewerbe liegt aber nur dann vor, wenn gemäß § 1 Abs. 2 HGB das Unternehmen je nach Art und Umfang des Gewerbes einen in kaufmännischer Weise eingerichteten Geschäftsbetrieb erfordert. Bedarf eine Gesellschaft keinen in kaufmännischer Weise eingerichteten Geschäftsbetrieb, da sie nur ihr eigenes Vermögen verwaltet, handelt es sich dennoch um eine OHG, wenn die Firma des Unternehmens in das Handelsregister eingetragen ist.[17]

Im Folgenden werden nun sowohl das Innen- als auch das Außenverhältnis einer OHG näher betrachtet und dabei die **Geschäftsführung einer OHG (das Innenverhältnis)**, also das Verhältnis einer Gesellschaft zu seinen Gesell-schaftern und das Verhältnis der Gesellschafter untereinander, sowie die **Vertretung einer OHG (das Außenverhältnis)**, also die Vertretungsbefugnis gegenüber Dritten, erläutert.[18]

---

[16] Vgl. *Der Dualstudent* (2016)
[17] Vgl. *Der Dualstudent* (2016); Vgl. *FOCUS Online Group GmbH* (2018); Vgl. *Graewe* (2019), S. 192; Vgl. *Hörmann/Schempf/Wirlitsch* (2015), S. 42; Vgl. *Jasper* (2019), S. 69; Vgl. *Kocian-Dirr* (2019), S. 99; Vgl. *Lenz* (2019), S. 427; Vgl. *Meyer* (2018), S. 120; Vgl. *Schädel* (2020), S. 227
[18] Vgl. *Hörmann/Schempf/Wirlitsch* (2015), S. 42, 44

2.1 Die Geschäftsführung bei einer OHG

Laut §§ 114-115 Abs. 1 HGB ist im <u>Innenverhältnis</u> zwar jeder Gesellschafter der OHG für sich allein zur Geschäftsführung befugt und verpflichtet, allerdings gilt diese sog. Einzelgeschäftsführungsbefugnis nur für Handlungen, die der gewöhnliche Betrieb des Handelsgewerbes gemäß § 116 Abs. 1 HGB mit sich bringt. Für Handlungen außerhalb dieses Bereiches, also für ungewöhnliche Maßnahmen und Transaktionen, ist ein Beschluss aller Gesellschafter, auch der nichtgeschäftsführungsbefugten Gesellschafter, notwendig (§ 116 Abs. 2 HGB). In der Praxis besteht jedoch häufig die Schwierigkeit darin herauszufinden, worin sich "gewöhnliche" und "ungewöhnliche" Handlungen unterscheiden. Zudem birgt die Einzelgeschäftsführungsbefugnis entsprechende Risiken, sowohl für das Unternehmen selbst wie auch für die übrigen Gesellschafter. Im Gesellschaftsvertrag können dementsprechend Regelungen vereinbart werden, die beispielsweise "gewöhnliches Handeln im Betrieb" konkretisieren oder auch darlegen, welche Handlungen einer Zustimmungspflicht bedürfen. Auf diese Weise erlangen die Gesellschafter eine größere Rechtssicherheit für ihr Handeln und können bei Pflichtverletzung des Gesellschaftsvertrags zur Rechenschaft gezogen werden.[19]

Innerhalb des gewöhnlichen Betriebs des Handelsgewerbes haben die geschäftsführenden Gesellschafter gemäß § 115 Abs. 1 Hs. 2 HGB auch ein Widerspruchsrecht und können somit verhindern, dass eine Handlung durchgeführt wird. Hierbei ist anzumerken, dass das Widerspruchsrecht unzulässig ist, wenn infolgedessen entgegen den Interessen der Gesellschaft gehandelt wird. Des Weiteren besteht die Möglichkeit, selbst wenn der Gesellschaftsvertrag eine gemeinschaftliche Geschäftsführung vorsieht, dass bei Gefahr im Verzug laut § 115 Abs. 2 HGB ohne die Zustimmung der anderen geschäftsführenden Gesellschafter gehandelt werden darf.[20]

Darüber hinaus können im Gesellschaftsvertrag die Geschäftsführungsbefugnisse der einzelnen Gesellschafter auch abweichend formuliert sein, also entgegen der gesetzlichen Grundkonstruktion geregelt werden. Gemäß

---

[19] Vgl. *Graewe* (2019), S. 195; Vgl. *Grundmann/Schüttel* (2019), S. 140;
   Vgl. *Hörmann/Schempf/Wirlitsch* (2015), S. 44; Vgl. *Huber/Rinnert* (2019), S. 66; Vgl. *Lenz* (2019), S. 428; Vgl. *Meyer* (2018), S. 124; Vgl. *Schädel* (2020), S. 227-228
[20] Vgl. *Graewe* (2019), S. 195; Vgl. *Meyer* (2018), S. 124

§ 114 Abs. 2 HGB kann im Gesellschaftsvertrag demnach auch nur einem oder einem Teil der Gesellschafter die Befugnis zur Geschäftsführung erteilt werden. Die restlichen Gesellschafter ohne Geschäftsführungsbefugnis erhalten dann nur noch Informations- sowie Kontrollrechte.[21]

Möchte man einem Gesellschafter die Befugnis zur Geschäftsführung wieder entziehen, dann ist dies auf Antrag der übrigen Gesellschafter durch gerichtliche Entscheidung möglich. Es muss jedoch ein wichtiger Grund vorliegen. Eine grobe Pflichtverletzung oder Unfähigkeit zur ordnungsgemäßen Geschäftsführung der Gesellschaft stellen in diesem Fall mögliche Gründe dar (§ 117 HGB).[22]

Für die Erteilung der Prokura, der umfassenden Handlungsvollmacht mit gesetzlich festgelegtem und grundsätzlich unbeschränkbarem Umfang, bedarf es laut § 116 Abs. 3 HGB zwar der Zustimmung aller Gesellschafter mit Geschäftsführungsbefugnis, allerdings ist zum Widerruf der Prokura jeder geschäftsführende Gesellschafter allein autorisiert, da nur derjenige Prokurist werden und bleiben kann, der das Vertrauen aller hat.[23]

2.2 Die Vertretung bei einer OHG

Die OHG wird gemäß § 123 HGB nach außen hin wirksam, sobald sie entweder im Handelsregister eingetragen ist oder wenn der Geschäftsbetrieb bereits vor der Eintragung aufgenommen wird. Geschäfte, die vor der Eintragung durchgeführt werden und die das Wirksamwerden des Außenverhältnisses bewirken, sind z. B. das Anmieten von Geschäftsräumen, Bestellung von Mobiliar oder die Aufnahme eines Kredits.[24]

Wie im Innenverhältnis wird die OHG auch im Außenverhältnis durch ihre Gesellschafter vertreten. Dabei ist jeder Gesellschafter allein zur Vertretung berechtigt, also einzelvertretungsermächtigt, es sei denn er ist durch den Gesellschaftsvertrag von der Vertretung ausgeschlossen (§ 125 Abs. 1 HGB). Im Gesellschaftsvertrag kann außerdem festgehalten werden, dass alle oder mehrere Gesellschafter nur zusammen die Vertretung der Gesellschaft

---

[21] Vgl. *Graewe* (2019), S. 195
[22] Vgl. *Grundmann/Schüttel* (2019), S. 141
[23] Vgl. *Hörmann/Schempf/Wirlitsch* (2015), S. 44; Vgl. *Springer Gabler | Springer Fachmedien Wiesbaden GmbH* (o. J.)
[24] Vgl. *Grundmann/Schüttel* (2019), S. 140; Vgl. *Hörmann/Schempf/Wirlitsch* (2015), S. 42

13

übernehmen dürfen (§ 125 Abs. 2 S. 1 HGB). Gemäß § 125 Abs. 2 S. 2 HGB können dann wiederum einzelne Gesellschafter der Gesamtvertretung dazu ermächtigt werden bestimmte Geschäfte oder bestimmte Arten von Geschäften durchzuführen. Hierbei handelt es sich aber nur um Ermächtigungen von Fall zu Fall, denn es gilt als unzulässig, wenn sich Gesamtgeschäftsführer generell Vollmacht erteilen und dadurch versuchen die Regelungen aus dem Gesellschaftsvertrag zu umgehen. Zusätzlich kann laut § 125 Abs. 3 S. 1 HGB festgelegt werden, dass ein einzelner Gesellschafter nur gemeinschaftlich mit einem Prokuristen die Vertretungsbefugnis erhält. Ist im Handelsregister keine Vertretungsbeschränkung zur jeweiligen Gesellschaft ersichtlich, so kann man davon ausgehen, dass jeder Gesellschafter dieses Unternehmens allein zur Vertretung befugt ist.[25]

Um jedoch eine organschaftliche Vertretung der Gesellschaft sicherstellen zu können, ist es nicht möglich alle Gesellschafter vom Vertretungsauftrag auszuschließen. Für Personengesellschaften gilt hier das Prinzip der Selbstorganschaft, das besagt, dass die Vertretung einer Gesellschaft durch Dritte nicht zulässig ist. Allerdings ist es rechtens weitgehende Befugnisse auf Dritte, wie z. B. auf Fremdgeschäftsführer zu übertragen, wenn dies im Rahmen eines Dienst-verhältnisses erfolgt. Bei einem Fremdgeschäftsführer einer Gesellschaft handelt es sich um einen Geschäftsführer, der über keinerlei Gesellschaftsanteile verfügt, somit kein Mitunternehmer ist und demzufolge am Gewinn und Verlust der Gesellschaft nicht beteiligt ist.[26]

Soll einem Gesellschafter die Vertretungsmacht wieder entzogen werden, dann ist dies gemäß § 127 HGB nur aus einem wichtigen Grund und auf Antrag der übrigen Gesellschafter durch gerichtliche Entscheidung zu erreichen. In diesem Fall stellen Pflichtverletzungen oder die Unfähigkeit zur ordnungsgemäßen Vertretung der Gesellschaft mögliche Gründe dar.[27]

In § 126 HGB wird außerdem der Umfang der Vertretungsmacht für die OHG umfassend festgesetzt, der sich auf alle gerichtlichen und außergerichtlichen Geschäfte sowie Rechtshandlungen, einschließlich Schenkungen und der

[25] Vgl. *Brauer* (2018), S. 105; Vgl. *Graewe* (2019), S. 195-196; Vgl. *Grundmann/Schüttel* (2019), S. 141; Vgl. *Hörmann/Schempf/Wirlitsch* (2015), S. 45; Vgl. *Schädel* (2020), S. 227-228
[26] Vgl. *Deutsche Anwaltshotline AG* (2011); Vgl. *Graewe* (2019), S. 196; Vgl. *Haufe-Lexware GmbH & Co. KG* (o. J.); Vgl. *Pott/Pott* (2015), S. 110
[27] Vgl. *Grundmann/Schüttel* (2019), S. 141; Vgl. *Hörmann/Schempf/Wirlitsch* (2015), S. 47

Belastung bzw. Veräußerung von Grundstücken, erstreckt. Zudem umfasst die Vertretungsmacht laut § 126 Abs. 1 HGB auch die Erteilung und den Widerruf einer Prokura. Dies zeigt, dass die Vertretungsmacht der Gesellschafter nach außen alle Rechtsgeschäfte, sowohl gewöhnliche als auch ungewöhnliche, umfasst und aus diesem Grund weiter geht als die Geschäftsführungsbefugnis eines Gesellschafters (§ 116 HGB), die nur gewöhnliche Geschäfte impliziert.[28]

Zu guter Letzt sollte noch erwähnt werden, dass sämtliche Einschränkungen der Vertretungsmacht ausschließlich für das Innenverhältnis der OHG, also für die Geschäftsführung, von Bedeutung sind. Vertretungsbeschränkungen gegenüber Dritten sind gemäß § 126 HGB unwirksam. Im Interesse der Sicherheit des Geschäftsverkehrs soll dadurch vermieden werden, dass vor dem Abschluss eines Rechtsgeschäfts umständliche Ermittlungen angestellt werden müssen, um Dritten aufzeigen zu können, welche Vertretungsberechtigungen ein Gesell-schafter hat.[29]

---

[28] Vgl. *Hörmann/Schempf/Wirlitsch* (2015), S. 46
[29] Vgl. *Hörmann/Schempf/Wirlitsch* (2015), S. 46

3   Fallbeispiel 2: Wirksamkeit einer Kündigung

Bei einer Kündigung handelt es sich um eine einseitige, empfangsbedürftige, rechtsgestaltende, bedingungsfeindliche und unwiderrufliche Willenserklärung einer Vertragspartei, die das Ende des Arbeitsvertrags bewirken sowie den Endtermin des Arbeitsverhältnisses bestimmen soll.[30]

Ob eine Kündigung von Seiten des Arbeitgebers wirksam ist, hängt von vielen verschiedenen Faktoren ab. Im Fall der Sonnenscheintours GmbH ist die Kündigung, die Bernd vom Personalleiter überreicht bekommt, wirksam. In den folgenden Ausführungen wird nun erläutert, warum dies der Fall ist.

3.1   Die fehlerfreie Kündigungserklärung

3.1.1   Die Kündigungsberechtigung

Bei der Prüfung, ob eine fehlerfreie Kündigungserklärung vorliegt, muss u. a. darauf geachtet werden, dass derjenige die Kündigung ausspricht, der zu dieser Handlung auch berechtigt ist.[31]

Im Fallbeispiel übergibt der Personalleiter der Sonnenscheintours GmbH dem Bernd das Kündigungsschreiben. Dies ist zulässig, da man nach § 174 S. 2 BGB bei einem Personalleiter davon ausgeht, dass dieser regelmäßig das Recht zur Kündigung hat.

3.1.2   Die Form der Kündigung

Zur Wirksamkeit bedarf jede Kündigung eines Arbeitsverhältnisses sowie jeder Auflösungsvertrag gemäß § 623 BGB der Schriftform.[32]

Da Bernd vom Personalleiter ein Schreiben erhält, die Beendigung der Zusammenarbeit somit in Schriftform erfolgt, ist die Kündigung auch hinsichtlich der Form zulässig.

---

[30] Vgl. *Hörmann/Schempf/Wirlitsch* (2015), S. 98; Vgl. *Krings* (2018), S. 70
[31] Vgl. *Hörmann/Schempf/Wirlitsch* (2015), S. 99
[32] Vgl. *Hörmann/Schempf/Wirlitsch* (2015), S. 99; Vgl. *Jesgarzewski* (2019), S. 195; Vgl. *Krings* (2018), S. 71; Vgl. *Sakowski* (2020), S. 105

3.1.3 Der Zugang der Kündigung

Der Zugang der Kündigung ist in diesem Fallbeispiel ebenso rechtens, denn laut § 130 Abs. 1 S. 1 BGB wird eine Willenserklärung, in diesem Fall von Seiten des Arbeitgebers, erst dann wirksam, wenn die Kündigung in den Machtbereich des Empfängers eintritt und demnach die zumutbare Möglichkeit der Kenntnisnahme besteht.[33]

Da der Personalleiter der Sonnenscheintours GmbH dem Bernd das Kündigungsschreiben persönlich übergibt, sind ein erfolgreicher Zugang der Willenserklärung und dementsprechend die Möglichkeit zur Kenntnisnahme der Kündigung gegeben.

3.2 Die Art der Kündigung

Man unterscheidet primär zwischen drei Arten von Kündigungen. Die außerordentliche Kündigung beendet die Zusammenarbeit in der Regel mit sofortiger Wirkung, also fristlos. Eine Änderungskündigung wird wiederum in Anspruch genommen, wenn die Zusammenarbeit zu geänderten Bedingungen weitergeführt werden soll. Da das Arbeitsverhältnis mit Bernd jedoch mit einer Frist von 3 Monaten zum Monatsende gekündigt wird, handelt es sich hierbei um eine ordentliche Kündigung, bei der die gesetzlichen, tariflichen oder auch einzelvertraglichen Fristen eingehalten werden müssen.[34]

3.3 Der Kündigungsgrund

Wenn der Arbeitnehmer unter das KSchG fällt ist eine ordentliche Kündigung allerdings nur wirksam und sozial gerechtfertigt, wenn sie nach § 1 Abs. 2 S. 1 KSchG aus personen-, verhaltens- oder betriebsbedingten Gründen ausgesprochen wird. Da die Sonnenscheintours GmbH mit 50 Mitarbeitern nicht zu den Kleinbetrieben zählt, gemäß § 23 Abs. 1 S. 2 KSchG jedoch nur Kleinbetriebe vom KSchG ausgeschlossen sind, muss der Reiseveranstalter bei der ordentlichen Kündigung eines Mitarbeiters das KSchG einhalten.[35]

---

[33] Vgl. *Hörmann/Schempf/Wirlitsch* (2015), S. 100; Vgl. *Jesgarzewski* (2019), S. 195
[34] Vgl. *Hörmann/Schempf/Wirlitsch* (2015), S. 98; Vgl. *Sakowski* (2020), S. 111
[35] Vgl. *Hörmann/Schempf/Wirlitsch* (2015), S. 104; Vgl. *Sakowski* (2020), S. 111, 113

Aufgrund dessen, dass durch die Coronakrise der Reisemarkt stark einbricht, trifft die Sonnenscheintours GmbH die Entscheidung mehrere Stellen, darunter auch eine in der Buchhaltung, zu streichen. In diesem Fallbeispiel kann der Reiseveranstalter dem Bernd betriebsbedingt kündigen, da ein außerbetrieblicher Grund vorliegt, denn infolge der Coronakrise werden vermehrt Reisen storniert und auf unbestimmte Zeit keine neuen Urlaube mehr gebucht. Der außerbetriebliche Grund für die betriebsbedingte Kündigung von Bernd liegt somit im Rückgang der Aufträge, da sich dementsprechend auch die Aufgaben in der Buchhaltung reduzieren.[36]

Nach § 1 Abs. 3 KSchG ist eine betriebsbedingte Kündigung aber trotzdem sozial ungerechtfertigt und unwirksam, wenn der Arbeitgeber im Vorfeld keine Sozialauswahl durchgeführt hat, also das Unternehmen bei der Auswahl des zu kündigenden Arbeitnehmers die sozialen Gesichtspunkte nicht oder nicht ausreichend berücksichtigt hat. Da in der Buchhaltung der Sonnenscheintours GmbH nicht nur Bernd arbeitet, sondern auch Anton, muss demzufolge im Vorfeld eine Sozialauswahl durchgeführt werden.[37]

3.3.1 Die Sozialauswahl: vergleichbare Arbeitnehmer

Bei der Sozialauswahl sind nur die Arbeitnehmer miteinander vergleichbar, die gegeneinander ausgetauscht werden können. Das bedeutet, dass die Mitarbeiter im selben Betrieb arbeiten müssen, denselben Beruf erlernt und darüber hinaus in derselben hierarchischen Ebene, wie beispielsweise Meister, Auszubildender o. ä., tätig sein müssen.[38]

Außer, dass beide Mitarbeiter in der Buchhaltung arbeiten und im selben Unternehmen beschäftigt sind, wird im Fallbeispiel nicht weiter auf die Vergleichbarkeit von Anton und Bernd eingegangen. Aus diesem Grund und für die weitere Bearbeitung des Falls wird daher angenommen, dass Anton und Bernd denselben Beruf erlernt haben sowie in derselben hierarchischen Ebene tätig sind.

---

[36] Vgl. *Hörmann/Schempf/Wirlitsch* (2015), S. 107; Vgl. *Jesgarzewski* (2019), S. 229-230
[37] Vgl. *Hörmann/Schempf/Wirlitsch* (2015), S. 108; Vgl. *Jesgarzewski* (2019), S. 232; Vgl. *Sakowski* (2020), S. 116
[38] Vgl. *Hörmann/Schempf/Wirlitsch* (2015), S. 108; Vgl. *Jesgarzewski* (2019), S. 232-233; Vgl. *Krings* (2018), S. 83

3.3.2 Die Sozialauswahl: Schutzwürdigkeit

Hat der Arbeitgeber die vergleichbaren Arbeitnehmer ermittelt, darf letztlich nur der Mitarbeiter gekündigt werden, der den geringsten sozialen Schutz benötigt. Hierbei sind folgende Punkte zu berücksichtigen:[39]

- eine etwaige Schwerbehinderung des Arbeitnehmers
- die Dauer der Betriebszugehörigkeit
- das Lebensalter
- zu leistende Unterhaltspflichten.

Die Leistungsfähigkeit, das Verhalten des Mitarbeiters oder sonstige mögliche Faktoren bleiben dabei unbeachtet. Die Sozialauswahl muss zu dem Ergebnis führen, dass jeweils der sozial stärkste Arbeitnehmer entlassen wird.[40]

Im Fall der Sonnenscheintours GmbH zeigt die Tabelle 1, dass der vergleichbare Mitarbeiter Anton aus der Sozialauswahl als klarer Sieger hervorgeht und deshalb Bernd mit der Kündigung rechnen muss. Die Sozialauswahl wurde anhand des vom BAG (Bundesarbeitsgericht) akzeptierten Punkteauswahlschemas durchgeführt.[41]

	Anton	Punkte	Bernd	Punkte	Ergebnis
Schwerbehinderung	Nein	0	Nein	0	unentschieden
Dauer der Betriebszugehörigkeit	10 Jahre	10	7 Jahre	7	Vorteil für Anton
Alter des Mitarbeiters	50 Jahre	50	45 Jahre	45	Vorteil für Anton
Unterhaltspflichten	2 minderjährige Kinder	8	kinderlos, aber verheiratet	8	unentschieden
Insgesamt		68		60	Vorteil für Anton

Tabelle 1: Die Sozialauswahl im Fall Anton und Bernd anhand des vom BAG akzeptierten Punkteauswahlschemas

(Quelle: Eigene Darstellung)

---

[39] Vgl. *Hörmann/Schempf/Wirlitsch* (2015), S. 108; Vgl. *Krings* (2018), S. 82-83; Vgl. *Sakowski* (2020), S. 116

[40] Vgl. *Jesgarzewski* (2019), S. 232; Vgl. *Krings* (2018), S. 82

[41] Vgl. *Haufe-Lexware GmbH & Co. KG* (o. J.)

Da beide Mitarbeiter des Reiseveranstalters keine Schwerbehinderung haben, können nur noch die restlichen drei ausschlaggebenden Kriterien in Relation gesetzt werden.

Doch auch das Kriterium "Unterhaltspflichten" geht unentschieden aus, da laut § 1360 BGB selbst Ehegatten einander zum Unterhalt verpflichtet sind. Schaut man sich die Tabelle 1 an, dann erhält Bernd für den unterhaltsberechtigten Ehepartner 8 Punkte und Anton pro unterhaltsberechtigtem Kind je 4 Punkte. Demnach kann keiner der beiden dieses Kriterium für sich entscheiden, da hier jeder insgesamt 8 Punkte erreicht.[42]

Im direkten Vergleich mit Anton verliert Bernd allerdings in den beiden restlichen Kriterien, da er zum einen jünger ist und zum anderen die kürzere Betriebs-zugehörigkeit aufweist. Laut dem Ergebnis der Sozialauswahl trifft die Sonnen-scheintours GmbH folglich die richtige und ebenso nachvollziehbare Wahl, wenn sie sich für die Kündigung von Bernd entscheidet, da er, im Vergleich zu Anton, der sozial stärkere Arbeitnehmer ist.

3.4   Die Kündigungsfrist

Die Kündigungsfrist bezeichnet den Zeitraum zwischen dem Zugang der Kündigung bei der jeweiligen Vertragspartei und dem Wirksamwerden durch den Zeitablauf. Da für die Wirksamkeit einer ordentlichen Kündigung auf die richtige Frist geachtet werden muss, spielt dieses Thema vor allem auch in diesem Fallbeispiel eine große Rolle. Die gesetzlichen Kündigungsfristen im Falle einer ordentlichen Arbeitnehmerkündigung findet man in § 622 Abs. 1 BGB. Kündigt jedoch der Arbeitgeber, dann gelten gestaffelte Kündigungsfristen gemäß § 622 Abs. 2 BGB.[43]

Da der Mitarbeiter Bernd seit 7 Jahren bei der Sonnenscheintours GmbH beschäftigt ist, kann der Reiseveranstalter ihn ordentlich mit einer Kündigungs-frist von 2 Monaten zum Monatsende kündigen (§ 622 Abs. 2 BGB).[44]

Im Fallbeispiel wird dem Bernd aber mit einer Frist von 3 Monaten zum Monats-ende gekündigt, obwohl dies laut § 622 Abs. 2 BGB einer Betriebszugehörigkeit

---

[42] Vgl. *Haufe-Lexware GmbH & Co. KG* (o. J.)
[43] Vgl. *Hörmann/Schempf/Wirlitsch* (2015), S. 102; Vgl. *Krings* (2018), S. 71; Vgl. *Sakowski* (2020), S. 108
[44] Vgl. *Hörmann/Schempf/Wirlitsch* (2015), S. 103

von mindestens 8 Jahren entspricht. Die verlängerte Kündigungsfrist resultiert mit großer Wahrscheinlichkeit daher, dass im Arbeitsvertrag zwischen der Sonnenscheintours GmbH und dem Bernd für beide Vertragsparteien eine Kündigungsfrist von 3 Monaten zum Monatsende festgelegt wurde, also abweichende Vereinbarungen hinsichtlich der Beendigung des Arbeits-verhältnisses getroffen wurden und somit die gesetzlichen Regelungen bzw. Fristen nicht gelten. Einzelvertraglich ist eine Verlängerung der Kündigungsfrist grundsätzlich möglich und zulässig, wenn hierbei die Frist für die Kündigung durch den Arbeitnehmer nicht länger ist als die Frist für die Arbeitgeberkündigung (§ 622 Abs. 6 BGB).[45]

3.5   Die Beteiligung des Betriebsrats

Gibt es im Unternehmen einen Betriebsrat, dann ist dieser ausnahmslos gemäß § 102 BetrVG vor jeder Kündigung anzuhören, denn obwohl der Betriebsrat kein echtes Mitbestimmungsrecht hat, sondern lediglich ein Anhörungs- und Widerspruchsrecht besitzt, ist die Kündigung nach § 102 Abs. 1 BetrVG unwirksam, wenn die Anhörung nicht durchgeführt wird.[46]
Die Kündigung eines Mitarbeiters darf demnach erst erfolgen, wenn das Anhörungsverfahren abgeschlossen ist. Bei einer ordentlichen Kündigung ist dies gemäß § 102 Abs. 2 S. 1-2 BetrVG der Fall, wenn der Betriebsrat innerhalb einer Woche eine abschließende Stellungnahme abgibt, in der er dem Unternehmen seine Entscheidung hinsichtlich der Kündigung des Mitarbeiters mitteilt oder die einwöchige Frist zur Stellungnahme ohne Äußerung des Betriebsrats verstreicht. Äußert sich der Betriebsrat nicht, so gilt seine Zustimmung zur Kündigung als erteilt.[47]
Kündigt das Unternehmen dem Mitarbeiter, obwohl der Betriebsrat dem wider-sprochen hat, dann führt dies nicht zur Unwirksamkeit der Kündigung. Ein frist- und ordnungsgemäßer Widerspruch des Betriebsrats hat aber zur Folge, dass nach § 102 Abs. 4 BetrVG der Arbeitgeber dem Arbeitnehmer eine Abschrift der Stellungnahme des Betriebsrats mit der Kündigung zukommen lassen muss.

---

[45] Vgl. *Sakowski* (2020), S. 109; Vgl. *VFR Verlag für Rechtsjournalismus GmbH* (o. J.)
[46] Vgl. *Bechtel/Friedrich/Kerres* (2018), S. 189; Vgl. *Hörmann/Schempf/Wirlitsch* (2015), S. 100; Vgl. *Papmehl/Teichmanis* (2019), S. 250
[47] Vgl. *Papmehl/Teichmanis* (2019), S. 250

Außerdem hat der Arbeitnehmer gemäß § 102 Abs. 5 S. 1 BetrVG während eines Kündigungsschutzprozesses dann auch einen Anspruch auf Weiterbeschäftigung im Unternehmen.[48]

Trotz dessen, dass der Betriebsrat der Sonnenscheintours GmbH im Fallbeispiel ausdrücklich Widerspruch gegen die Entlassung eingelegt hat, ist die Kündigung von Bernd wirksam, da vor dem Aussprechen der Kündigung eine Anhörung des Betriebsrats erfolgt ist. Allerdings kann Bernd innerhalb einer Frist von 21 Tagen nach dem Zugang der Kündigung eine Kündigungsschutzklage einreichen, da dem Kündigungsschreiben keine Abschrift der Stellungnahme des Betriebsrats beigelegen hat (siehe § 102 Abs. 4 BetrVG), und somit das Arbeitsgericht über die Zulässigkeit der Kündigung und den Kündigungstermin des Arbeitsverhältnisses entscheiden lassen. Ein fristgerechter und ordnungsgemäßer Widerspruch des Betriebsrats verbessert dabei die Lage von Bernd deutlich, denn der gekündigte Mitarbeiter kann dann ausdrücklich verlangen, dass er gemäß § 102 Abs. 5 S. 1 BetrVG bis zum rechtskräftigen Abschluss des Rechtsstreits zu unveränderten Arbeitsbedingungen im Unternehmen weiterbeschäftigt wird.[49]

---

[48] Vgl. *Dr. Kluge Seminare e.K.* (o. J.); Vgl. *Hörmann/Schempf/Wirlitsch* (2015), S. 101; Vgl. *Papmehl/Teichmanis* (2019), S. 252
[49] Vgl. *Bechtel/Friedrich/Kerres* (2018), S. 189; Vgl. *Hörmann/Schempf/Wirlitsch* (2015), S. 101; Vgl. *Papmehl/Teichmanis* (2019), S. 252; Vgl. *W.A.F. Institut für Betriebsräte-Fortbildung AG* (2020)

Literaturverzeichnis

Bücher:

Bechtel, P./Friedrich, D./Kerres, A. (2018), Mitarbeitermotivation ist lernbar, 2. Auflage, Berlin.

Brauer, K.-U. (2018), Grundlagen der Immobilienwirtschaft, 9. Auflage, Wiesbaden.

Graewe, D. (2019), Wirtschaftsrecht, 2. Auflage, Wiesbaden.

Grundmann, W. (2019), Leasing und Factoring, 2. Auflage, Wiesbaden.

Grundmann, W./Schüttel, K. (2019), Wirtschafts- und Sozialkunde Teil 2, 7. Auflage, Wiesbaden.

Huber, St./Rinnert, A. (2019), Rechtsformen und Rechtsformwahl, 2. Auflage, Wiesbaden.

Jasper, Ch. (2019), Rechtssicher in der Kinder- und Jugendarbeit, 1. Auflage, Wiesbaden.

Jesgarzewski, T. (2019), Arbeitsrecht, 1. Auflage, Wiesbaden.

Kocian-Dirr, C. (2019), Betriebswirtschaftslehre schnell erfasst, 1. Auflage, Berlin.

Krings, Th. (2018), Personalwirtschaft, 1. Auflage, Wiesbaden.

Lenz, T. (2019), Die Rechtsabteilung, 3. Auflage, Wiesbaden.

Meyer, J. (2018), Wirtschaftsrecht: Handels- und Gesellschaftsrecht, 1. Auflage, Wiesbaden.

Papmehl, A./Teichmanis, H. (2019), Deutsches Arbeitsrecht für ausländische Investoren | German Labour Law for Foreign Investors, 1. Auflage, Wiesbaden.

Pott, O./Pott, A. (2015), Entrepreneurship, 2. Auflage, Berlin/Heidelberg.

Sakowski, K. (2018), Grundlagen des bürgerlichen Rechts, 4. Auflage, Berlin.

Sakowski, K. (2020), Arbeitsrecht, 2. Auflage, Berlin/Heidelberg.

Schädel, N. (2020), Wirtschaftsrecht für Hightech-Start-ups, 1. Auflage, Wiesbaden.

Wasmuth, J. (2018), Funktionale Schadensbewertung, 1. Auflage, Wiesbaden.

Studienbriefe:

Hörmann, M./Schempf, Th./Wirlitsch, M. (2015), Einführung in das Wirtschaftsrecht, 2. Auflage, Studienbrief der SRH Fernhochschule, Riedlingen.

Paulic, N. (2018), Einführung in das bürgerliche Recht, 7. Auflage, Studienbrief der SRH Fernhochschule, Riedlingen.

Artikel aus dem Internet:

Aachener Verlagsgesellschaft GmbH (2016): Fehler im Job – Wann Arbeitnehmer für Schäden haften, https://www.aachener-zeitung.de/ratgeber/recht/fehler-im-job-wann-arbeitnehmer-fuer-schaeden-haften_aid-25218145, abgerufen am 26.08.2020.

Der Dualstudent (2016): Unterschied zwischen Personen- und Kapital-
gesellschaften, https://www.derdualstudent.de/unterschied-zwischen-
personen-und-kapitalgesellschaften.html, abgerufen am 30.07.2020.

Deutsche Anwaltshotline AG (2011): Fremdgeschäftsführer,
https://www.deutsche-anwaltshotline.de/c/ratgeber/arbeitsrecht/
geschaeftsfuehrer/fremdgeschaeftsfuehrer, abgerufen am 16.08.2020.

Dr. Kluge Seminare e.K. (o. J.): Widerspruch des Betriebsrats gegen eine
Kündigung (§ 102 Abs. 3 BetrVG), https://www.kluge-seminare.de/br-
portal/wissen/personelle-angelegenheiten/widerspruch-des-betriebsrats-
gegen-eine-kuendigung/#:~:text=Nach%20%C2%A7%20102%20Abs.
%203%20BetrVG%20kann%20der,m%C3%B6glich%2C%20also%20au
ch%20bei%20personen-%20und%20verhaltensbedingten%20K%C3%
BCndigungen., abgerufen am 22.08.2020.

FOCUS Online Group GmbH (2018): Was ist eine juristische Person? Einfach
erklärt, https://praxistipps.focus.de/was-ist-eine-juristische-person-
einfach-erklaert_100831, abgerufen am 30.07.2020.

Haufe-Lexware GmbH & Co. KG (o. J.): Betriebsbedingte Kündigung –
Sozialauswahl / 1.4 Auswahlschemata (z. B. Punktesysteme),
https://www.haufe.de/personal/haufe-personal-office-platin/
betriebsbedingte-kuendigung-sozialauswahl-14-auswahlschemata-zb-
punktesysteme_idesk_PI42323_HI569913.html, abgerufen am
21.08.2020.

Haufe-Lexware GmbH & Co. KG (o. J.): VI Außenverhältnis / 2.2 Organschaftliche Vertretung der OHG, https://www.haufe.de/recht/deutsches-
anwalt-office-premium/vi-aussenverhaeltnis-22-organschaftliche-
vertretung-der-ohg_idesk_PI17574_HI1706420.html, abgerufen am
16.08.2020.

Rechtsanwälte Partnerschaft mbB (2013): Verkehrssicherungspflicht – Keine Haftung für Sturz auf erkennbar frisch gewischter Treppe, https://www.wbs-law.de/allgemein/olg-bamberg-verkehrssicherungs pflicht-keine-haftung-fuer-sturz-auf-erkennbar-frisch- gewischter-treppe-15636/, abgerufen am 26.08.2020.

Rechtsanwalt Markus Bär (o. J.): Kündigungsfristen, https://www.ra-baer.de/rechts-service/arbeitsrechtslexikon-fuer-arbeitnehmer/ kuendigungsfristen/#t7, abgerufen am 21.08.2020.

Springer Gabler | Springer Fachmedien Wiesbaden GmbH (o. J.): Prokura, https://wirtschaftslexikon.gabler.de/definition/prokura-45796, abgerufen am 15.08.2020.

VFR Verlag für Rechtsjournalismus GmbH (o. J.): Welche Kündigungsfrist ist einzuhalten, wenn ein Arbeitsverhältnis beendet werden soll?, https://www.arbeitsvertrag.org/kuendigungsfrist/, abgerufen am 21.08.2020.

W.A.F. Institut für Betriebsräte-Fortbildung AG (2020): Kündigung von Arbeitnehmern – Mitbestimmung des Betriebsrats, https://www.betriebsrat.com/kuendigung-von-arbeitnehmern-mitbestimmung, abgerufen am 22.08.2020.